NOTE

DU PRÉFET DE L'ISÈRE,

SUR LES ÉVÉNEMENS DE GRENOBLE,

EN MARS 1832.

NOTE

DU PRÉFET DE L'ISÈRE,

SUR LES ÉVÉNEMENS DE GRENOBLE,

EN MARS 1832.

Pensant que la meilleure manière de répondre à toutes les fausses assertions, est celle qui entraîne responsabilité, j'ai dû porter ma défense devant l'impartiale justice.

Ma position me défend d'établir une polémique avec les journaux. S'ils n'avaient cherché que la vérité, ils auraient déposé sous la forme de plaintes devant les Tribunaux des articles semblables aux leurs.

Je dois aux habitans de l'Isère de présenter à leur jugement la conduite tenue par le magistrat que le Roi jugea digne de l'honneur de les administrer.

Le Conseiller-d'État, Préfet de l'Isère,

M. DUVAL.

Le 16 mars 1832, à neuf heures du matin, à la caserne de Bonne, et par-devant M. le conseiller Bonnot,

Est comparu, sur sa propre demande et ainsi qu'il l'avait réclamé depuis le 13 de ce mois auprès de MM. les premier président et procureur-général, M. Maurice Duval, préfet du département de l'Isère, lequel après avoir prêté serment de dire toute la vérité, rien que la vérité, a dit être âgé de 53 ans.

Dépose : J'ai lu dans *le Dauphinois* de ce jour que je m'étais refusé à répondre hier à l'interrogatoire de M. le Conseiller-instructeur. Cette assertion est fausse, M. le Conseiller justifiera mieux que moi cette vérité. Je fais toutes réserves, dans l'intérêt public et dans le mien, des suites qu'il peut y avoir lieu d'y donner.

On a voulu, dans deux articles des journaux d'hier et d'avant-hier, *le Grenoblois* et *le Dauphinois*, ainsi que dans les bruits qu'on s'est plu à répandre dans la ville, me représenter comme ayant attiré les malheurs que je déplore par les ordres que j'aurais donnés d'user de violence. La série de mes actes, que je vais déposer pour copie conforme, et celle des faits prouveront la fausseté de cette grave inculpation.

Le 11 de ce mois, averti que des masques devaient circuler dans la ville contrairement à l'arrêté de M. le Maire qui les défend lorsque le carnaval est fini ; que même une mascarade dangereuse pour l'ordre public devait y figurer, je fis appeler les commissaires de police ; je leur prescrivis de signifier à toute personne en contravention à l'arrêté susdit, d'avoir à se retirer, et dans le cas de résistance, de les faire arrêter et conduire au poste le plus voisin. Pour assurer l'exécution de ces mesures, j'écrivis à M. le Lieutenant-général commandant la subdivision, la lettre que je dépose pour copie conforme (1).

Dans la matinée, les commissaires vinrent me faire le rapport que n'ayant été appuyés dans leur réquisition aux délinquans que par vingt-cinq hommes, eux et la troupe avaient été accablés de pierres et de mauvais traitemens.

Il est inutile de répéter ici de quelle nature était la mascarade dont il s'agit ; toute la ville ne l'a que trop vue.

Je donnai aux commissaires l'ordre de prendre de nouvelles troupes pour que force restât à la loi ; je donnai les mêmes réquisitions par écrit à M. le Commandant de place et à M. le chef d'escadron commandant la gendarmerie. Bientôt on me rendit compte que les masques avaient disparu.

J'écrivis tout de suite à M. le Maire la lettre

______

(1) Grenoble, le 11 mars 1832.

Monsieur le Lieutenant-général,

J'apprends qu'il circule dans la ville une mascarade qui pourrait y apporter du trouble ; veuillez bien donner ordre aux casernes que les troupes soient prêtes à prendre les armes. Je les requerrai au besoin.

J'ai l'honneur, etc.

Le Préfet de l'Isère,

M. DUVAL.

que je dépose (1), l'invitant à se rendre près de moi. Je lui exprimai l'inquiétude où j'étais, que la même mascarade en se reproduisant le soir au bal masqué, ne fût l'occasion de graves désordres. En effet, j'étais instruit que composé comme le matin de masques allégoriques, dans lesquels on croyait reconnaître un personnage dont le nom ne doit pas se trouver ici, des ministres, de hauts fonctionnaires de l'État avec leur uniforme, elle devait figurer le soir au bal au milieu d'une séance de la chambre des députés qui aurait parodié une délibération. Aurais-je pu souffrir une pareille insulte en action, à tout ce que la nation doit respecter, et n'eût-il pas été de mon devoir de la faire cesser? il valait donc mieux la prévenir. Sans entrer dans tous les détails ci-dessus, je représentais à M. le Maire que la scène du matin ayant déjà excité les esprits, pouvait se reproduire le soir ; que d'après son arrêté, l'apparition de masques au bal ne serait pas moins illégale qu'elle ne l'avait été le matin ; qu'il convenait donc de convertir le bal masqué en un bal paré, qui n'offrait aucun inconvénient. M. le

(1) Grenoble, le 11 mars 1832.

Deux heures.

Monsieur le Maire,

Je vous prie de vouloir bien prendre la peine de vous rendre tout de suite près de moi.

J'ai l'honneur, etc.

Le Préfet de l'Isère,
M. DUVAL.

Maire se rendit à mon avis ; le directeur du spectacle fut appelé, et la décision que nous venons d'énoncer dut être annoncée par lui au public.

Peu de temps après il vint chez moi, me disant qu'un bal paré ne lui serait qu'onéreux, qu'il aimait mieux n'en point donner; pensant que j'étais sans pouvoir pour exiger une chose contraire à son droit, je lui dis qu'il devait au moins prévenir le Public par une nouvelle affiche, que ne pouvant donner de bal masqué, il ne voulait pas en donner de paré. Il se retira pour exécuter cette demande.

A six heures, M. le Maire revint chez moi et me dit qu'il n'avait nul doute que la tranquillité publique ne fût conservée en donnant le bal; je lui répondis que la défense était déjà connue du public. Il me répliqua qu'il n'avait pas vu d'affiche. J'envoyai de nouveau chercher le directeur du théâtre, qui nous dit qu'il avait fait apposer des affiches, mais qu'à peine apposées, elles avaient été arrachées en disant : *nous savons ce que tu affiches, mais le bal n'en dura pas moins lieu.* M. le Maire reconnut l'impossibilité de rien changer à un fait connu et arrêté d'accord avec lui le matin. Il me quitta.

Tout ce que je viens de dire a été nié par le journal de Grenoble, à la date d'hier. M. le Maire de cette ville, instruit par moi de ce fait, adjuré de dire la vérité, a déclaré devant M. le Lieutenant-général Saint-Clair, M. le colonel, le lieutenant-colonel et deux chefs de bataillon du 35.ᵐᵉ, que ce que j'ai dit plus haut (que la mesure avait été prise d'un commun accord), était la vérité. Je fais les mêmes réserves que ci-dessus contre ce journal.

M. le Maire, M. le Lieutenant-général se rendirent chez moi le soir; le premier nous ayant dit que tout s'était passé avec calme au théâtre, se retira à minuit et demi.

Le 12 au matin je fus averti que des menaces violentes étaient faites contre moi; que le soir on devait se porter à la préfecture. Devant penser que ce n'était qu'un prétexte pour passer à d'autres troubles, je crus devoir prendre les précautions nécessaires au maintien de la tranquillité publique. J'écrivis à M. le Maire la lettre que je dépose (1). Il avait été déjà convenu entre lui, M. le Commandant de la garde nationale et moi, qu'un bataillon de cette garde serait convoqué pour la soirée. J'en donnai en même temps avis à M. le Lieutenant-général, mettant ce bataillon à sa disposition, et l'invitant lui-même à

(1) Grenoble, le 12 mars 1832.

Monsieur le Maire,

Je suis prévenu que des agitateurs se préparent à troubler l'ordre public ce soir. Je vous invite à vouloir bien donner l'ordre à M. le Commandant de la garde nationale de cette ville de réunir un bataillon de cette garde et de le mettre à la disposition de M. le Lieutenant-général commandant la subdivision militaire.

J'ai l'honneur, etc.

Le Préfet de l'Isère,

M. DUVAL.

prendre les mesures propres à assurer le maintien de l'ordre. Je dépose cette lettre (1).

Après mon dîner je montai dans mon cabinet, j'y étais à travailler lorsque j'entendis des cris, des huées. Ces actes, indignes d'une population qui se respecte, ne furent attribués par moi qu'à des enfans : je n'en tins aucun compte et continuai mon travail.

On vint me dire plus tard que des cris : *A bas le préfet ! A bas le Roi ! A bas le gouvernement ! nous n'en voulons plus !* que des cris *Vive la république !* se faisaient entendre. Les commissaires de police vinrent m'apprendre que la cour de la préfecture était envahie ; que le poste de la garde nationale, qui en avait voulu défendre l'entrée, avait été renversé. Je donnai l'ordre aux commissaires de police d'aller vîte prendre aux casernes les troupes nécessaires. Je leur recommandai bien si par malheur il y avait lieu d'user de la force, de ne le faire qu'après les sommations précédées d'un roulement, appuyant fortement sur ce

(1) Grenoble, le 12 mars 1832.

Monsieur le Lieutenant-général,

Je suis averti que des perturbateurs se proposent de troubler ce soir l'ordre public dans cette ville. Je viens d'inviter M. le Maire de Grenoble de faire réunir un bataillon de la garde nationale qui sera mis sous votre commandement.

Veuillez de votre côté assurer le maintien de la tranquillité publique en joignant à la garde nationale les troupes qui sont sous vos ordres.

J'ai l'honneur, etc.

Le Préfet de l'Isère,
M. DUVAL.

point, et je leur répétai le texte de ces actes , donné par la loi de 1791. Je les invitai à mettre dans leur conduite autant de prudence que d'énergie. Chacun venait m'avertir de ce qui se passait ; je faisais un travail pressé ; je restai dans mon cabinet à terminer mes lettres et ne descendis au salon que lorsqu'elles furent finies. J'y trouvai plusieurs personnes que l'attaque de la préfecture y avait appelées. M. le Lieutenant-général et M. le colonel du 35.me venaient d'arriver. Plusieurs officiers vinrent rendre compte devant moi, à leur colonel, de ce qui venait de se passer. Nous apprîmes que deux compagnies, conduites chacune par un commissaire de police, arrivées sans s'en douter par deux rues opposées, avaient été attaquées par des personnes qui s'étaient jetées sur les armes des soldats pour les leur enlever ; que des pierres avaient été lancées sur eux, et que dans ce choc les troupes, pour leur défense, avaient usé de leurs baïonnettes. MM. les adjoints de la mairie vinrent peu de momens après et me dirent que des citoyens avaient été percés de coups de baïonnettes sans aucune sommation préalable. Je leur dis ce qui venait d'être rapporté devant moi au colonel du 35.me, et les invitai à suspendre toute opinion défavorable à des soldats français faisant partie d'un régiment connu dans l'armée comme un des plus disciplinés et rempli d'honneur ; que dès ce moment l'enquête la plus solennelle allait commencer sur ces faits. Des ordres avaient déjà été donnés par M. le Lieutenant-général pour faire sortir toutes les troupes , presque personne du bataillon de la garde nationale commandé, ne s'étant rendu. J'allai avec lui sur la place Saint-André, où l'on vint nous rapporter que les troupes, dans leur marche dans la ville, recevaient des maisons, des pierres, des bouteilles, etc ; que des barricades se formaient sur différens points. Ordre fut donné à deux bataillons de les enlever, ce qui fut exécuté pour les trois qu'il y avait. Aucunes voies de fait n'eurent lieu de la part de la troupe qui avait toujours été accompagnée des commissaires de police, lesquels avaient fait, à plusieurs reprises, les sommations depuis le malheureux engagement dans la rue du Quai.

Je restai avec l'état-major sur la place St-André jusqu'à minuit ; tous les rapports annonçant que la ville était rentrée dans le calme, je me retirai chez moi.

Dans toute cette journée et la veille, pas un autre ordre que ceux que je représente, et les deux donnés à la gendarmerie et au Commandant de place, ne sont émanés de moi par écrit ni verbalement. Je déclare sur l'honneur que je n'ai jamais rien commandé d'hostile ; je n'ai jamais fait que des réquisitions conformes aux lois et pour leur maintien. Je défie qui que ce soit d'avancer et de prouver le contraire. Ceci répond aux calomniateurs qui cherchent à égarer l'opinion publique.

Je reprends la suite des événemens.

Le 13, de grand matin, sachant qu'une grande effervescence, suite assez naturelle des malheurs de la veille, régnait dans la ville, j'écrivis à M. le Maire de Grenoble, la lettre que je dépose (1), pour qu'il eût à faire convoquer à l'instant même (il était huit heures) toute la garde nationale de Grenoble. Dans le même moment, je prévins par la lettre que je dépose (2), M. le Lieutenant-

(1) Grenoble, le 13 mars 1832.

Huit heures du matin.

Monsieur le Maire,

Les déplorables événemens de la soirée d'hier et l'agitation qui règne dans la ville nous font un devoir dé prendre sans délai les mesures nécessaires au maintien de la tranquillité publique. Une des plus efficaces doit être d'appeler les citoyens à la défense de leurs droits, de leurs propriétés.

Aussitôt cette lettre reçue, je vous invite, et vous requiers au besoin, de convoquer toute la garde nationale de cette ville, de lui faire prendre les armes.

Aux termes de la loi, je la mets sous le commandement supérieur de M. le lieutenant-général commandant la subdivision, que j'en préviens.

J'ai l'honneur, etc.

Le Préfet de l'Isère,

M. DUVAL.

(2) Grenoble, le 13 mars 1832.

Monsieur le Lieutenant-général,

Je viens de convoquer toute la garde nationale, prévenant M. le Maire de cette ville que je la mets sous votre commandement supérieur, aux termes de la loi.

Une grande effervescence règne dans la ville. On veut désarmer le poste que vous avez placé à la salle des concerts : veuillez faire prendre tout de suite les armes à toute la garnison. Le Conseil municipal étant en délibération, et devant avoir des

général que je mettais la garde nationale sous son commandement; et je l'invitai en outre à faire prendre les armes à l'instant même à la garnison, l'invitant à se réunir à moi pour nous tenir plus facilement en communication avec M. le Maire et le Conseil municipal assemblé dans ce moment.

Des députés du Conseil municipal vinrent peu de temps après ces lettres me déclarer que la garde nationale demandait que tous les postes occupés par le 35.e lui fussent remis. Je déclarai que pour mon compte personnel, il m'était impossible d'accorder une pareille demande, contraire autant au droit qu'à l'honneur du Gouvernement; qu'au surplus, je n'avais aucun droit sur les troupes ; que M. le Lieutenant-général allait venir et leur ferait sa réponse. Je l'avais en effet envoyé chercher ; j'envoyai de suite une seconde personne. Il arriva. MM. Buisson, Thevenet, et je crois quelques officiers de la garde nationale, lui renouvelèrent la demande qui m'avait été faite. M. le Lieutenant-général fit ce qu'il crut devoir faire. Ces Messieurs se retirèrent en lui exprimant la reconnaissance que lui devrait la ville.

Nous descendîmes pour déjeûner ; bientôt nous

rapports fréquens avec M. le Maire, je crois qu'il serait de l'intérêt public que vous voulussiez bien établir votre quartier-général à la préfecture, pour rendre nos rapports plus faciles et plus fréquens.

J'ai l'honneur, etc.

Le Préfet de l'Isère,
M. DUVAL.

entendîmes un grand tumulte dans la cour de la préfecture. On vint nous avertir qu'on enfonçait les portes. J'aime à payer ici un tribut de reconnaissance à M. Thevenet, l'un des capitaines de la garde nationale, qui se mettant en travers de la porte, par sa courageuse résistance, empêcha que la foule n'entrât dans le vestibule.

Je me rendis alors avec M. le Lieutenant-général à la mairie; je prévins M. le Maire de ce qui se passait, et l'invitai à envoyer la garde nationale préserver la préfecture.

Dans ce moment la mairie fut envahie par des gens armés de toute façon et dans un état d'exaltation difficile à dépeindre. Je cherchai à leur faire comprendre qu'ignorant la vérité sur les malheureux événemens de la veille, il était de la justice et de la loyauté qui distingue le caractère français, d'attendre qu'elle fût connue, pour prendre une juste opinion de ce qui s'était passé. Un d'eux me répondit que le sang voulait du sang. Il est vrai qu'il était blessé. Je lui répliquai que le sang versé par une fatalité funeste ne voulait que des larmes.

M. le capitaine Thevenet vint alors me dire que la garde nationale exigeait mon départ et celui du 35.e Mes réponses furent, pour le 35.e, qu'il ne pouvait abandonner le poste où le Roi l'avait placé, que sur un ordre émané de son gouvernement ; que quant à moi, je devais rester dans celui qu'il m'avait confié, même au péril de ma vie, jusqu'à ce qu'il m'en relevât; que c'était mon devoir ; que mon honneur y tenait, et que c'était encore mon droit, parce que, sous le coup des plus infâmes calomnies dans Grenoble, il fallait que j'y restasse pour m'y défendre, et qu'on pût m'y trouver pour me punir si j'avais prévariqué ; que je ne pouvais séparer mon sort des troupes du Roi. On me répondit qu'elles étaient les troupes du Roi ; la garde nationale était celles de la Nation. *Le Roi est le premier soldat de la Nation*, fut ma réponse ; *gardes nationaux et troupes de ligne sont comme lui, soldats de la Nation.*

Dans le même moment, on vint déclarer à M. le Lieutenant-général que la garde nationale, dont une députation se présenta, accompagnée de beaucoup de personnes qui n'en faisaient pas partie, armées de toutes sortes de manières, exigeait que deux portes de la ville lui fussent remises. Une discussion s'engagea entre eux ; elle finit par l'invitation à M. le Lieutenant-général de descendre dans la cour de la préfecture. J'ignore ce qui se passa depuis.

Quelque temps après, on s'introduisit dans la préfecture par l'escalier de la mairie ; je n'ai pas vu les personnes que l'on me dit être au nombre de dix ou douze armées de toutes façons ; mais je crois qu'elles s'adressèrent à M. le conseiller de préfecture Lacroix. On m'a dit depuis que c'était dans l'intention de me retenir prisonnier comme on dit que l'a été M. le Lieutenant-général. Je n'étais pas dans mon cabinet, mais au premier. Entendant ce tumulte, je fis prévenir M. le Commandant de la garde nationale qui était au poste voisin. Il se rendit chez moi, envoya quatre ou cinq hommes avec lesquels je restai assez long-temps dans le vestibule dont on raccommodait les portes.

Sentant que ma présence dans la préfecture n'était plus qu'un embarras pour les Magistrats de la ville, je sortis de chez moi à trois heures après midi, et me rendis à la caserne de Bonne, afin que l'autorité du Roi pût au moins conserver sa liberté, et ne plus recevoir de nouvelles profanations. Au sein du 35.e, je me trouvais dans le seul lieu où elle ne fût pas alors violée.

Je dépose avec les autres pièces ci-dessus le ré-glement de police concernant les masques, en date du 12 février 1831.

Lecture faite, etc. et j'ai signé. M. DUVAL.

GRENOBLE.

Imprimerie de F. ALLIER, Imprimeur de la Préfecture, Grand'Rue, cour de Chaulnes. — Mars 1832.